AF416170

Autopsia Juglar

Jairo Mejía Rodríguez

guancasco
editorial

Autopsia Juglar

© Primera edición, 2024.
Guancasco Editorial
contacto@guancascoeditorial.com
www.guancascoeditorial.com

ISBN-13: 978-99979-2-061-4
Categoría: Poesía
Colección: Rimario
San Pedro Sula, Honduras, C. A.

Edición y corrección: Jairo Mejía Rodríguez
Carátula: Guancasco Editorial
Imagen de carátula: Korah Studio
Imágenes de contenido decorativo: Freepik.com

ÍNDICE

Versado Primero

Mor

Advertencia sin pudor

Dame franela...
si no, que sean tus gacelas
acelerando de mis fantasías el granate
mientras acoplo sosiego a mi deseo.

Debajo de esas pieles de algodón
se conquista la incertidumbre de un cosmos
donde los únicos astros somos tú y yo
desafinando cordón existencial
a unas pulgadas erguido hacia el norte.

¡Dale!
Que sea sobre esto lo que escribes
inspiración sin conspiración
por los brotes de versos entre bigotes
mientras te arrebato un beso de media vuelta
mañana que te vea... ¡estate alerta!

Anhelo de luna en luna

Silencio en tus pasos para no desafiar los caminos
mientras cada sol se descompone al atardecer
menguando cada rallo en tu tierna sonrisa
como revoloteo de mariposa
como cielo acobijado en nubes;
es suspiro arrebatado lo que me ancla al deseo
por recorrer tus luces.

Lienzo virgen a la poesía, es tu piel,
inspiración en revolú
tan solo asido al conteo de días
para estamparme en tu cálido carmesí
porque a distancia, todo no es.

Aspirar tu respiración degustando tu presencia
componer una canción todavía no entonada;
que Cronos sea generoso y me lleve hasta allí
donde florece tu esencia, donde eres tú.

Extrañamiento

> *"Lo que los ojos no ven,*
> *el alma lo trasciende."*

Suspiro profundo,
y extraño harto:

Tu voz desnudándose
al filo escotado de tus labios sin granate
desbordando pasión y delicadeza.

Tu sabor a moca vertiéndose
hasta espumar mi latido inocente
como rocío en verano sobre la menta.

Tus detalles de cala bruñéndose
contra el marmóreo pilar que edificaste
frunciendo nuestras alas entre poemas.

Tus días esparciéndose,
jugando con la arena cada tarde
sabiendo que al amanecer el amor te sustenta.

Hacia la luz

Eres tú...
atisbada, con elegancia de mantis
atracción magnética en tu andar
redoble de frondosas campanas en tu pecho
y Amazonas inmaculado es tu revés.

Tu sonrisa abre veredas hacia el Olimpo
desparpajándose en la sinuosidad de tu materia gris
como ave de vuelo andaluz,
rompe que rompe
tu mirada se impregna.

Flexiona tu calidez hacia mi ser
para anclar mi alegría en tu presencia,
se desborda mi libido justo por ti
derritiendo las entrañas de tu iglú,
estoy listo para un acertamiento.

Infinitum

Es verdad.
Entre el 0 y el 1
infinita es la cantidad
de alguarismos que les separan.

También es una realidad,
entre vos y yo
desmesurada es la inmensidad
de particularidades que nos abisman.

Es una ley, o será.
De estar vivo, o en el nirvana,
incontables serán los pasos
que la ansiosa segundera marca.

Inconmensurable
retahíla de emociones,
besos bordados en eslabones,
locuras y suspiros en vaivén
volcándose en el fulgor de mi sangre
hasta desnudar mi liberto ser.

Al final,
conocemos la turbia infinidad
de gente en nuestros caminos;
curiosamente solo importa 1

y aunque 1 no es ninguno
para mí lo es todo,
es mi unicidad, sos vos.

Jazz en blanco y negro

En mi cuello, empala tu rastro carmesí

burbuja hiperbalada tus caricias

tren de media noche arrastrándome,

salpicona canción zurcida en libido

como agudeza perfilada es tu sonrisa

armonías palpitantes ancladas sobre tu pecho.

Criatura libre, atemporal

lienzo de carnes nubíferas y atuendos en vorágine,

tan cauta como sorbo de ciervo

tan cálida como solsticio vernal.

Deja que te admire

una y otra vez... esta y mil veces... siempre.

Permite que mi fijación tome rumbo al caos

hasta eclosionar en húmedo suspiro con sed.

Talla tus letras, tus curvas, tus capturas

toda tu creatividad como semilla de nicho arisco

emancipando de bruces la mies

marcando arena con tu indeleble actitud

marmoleando tu sinuosidad contra lid,

posiblemente se dibuje un cristal clerodendro

más que un sueño cebra.

Llega ese día

Y llega ese día...
cuando alardeás
diciendo que no vas a caer
que no vas a ceder
que no vas a querer.

Y te llenás la boca
con todas esas racionalizadas ideologías
pintando de nada todas las posibilidades
fingiendo ignorar que la vida gira y gira.

Sos humano, ¿acaso lo olvidás?

Llega ese día...
justo cuando menos te lo esperabas.
Llega a hurtadillas, llega en silencio
un nuevo pensamiento.
Una incontrolable sandez,
que te desborda desde adentro,
algo llamado 'amor'.

Ese día morís
y renacés.

Lumen oculorum tuorum

Cuando tu corazón se siente solo
que le acompañe otro corazón necesita
deberás encontrarlo y vivir en amor;
mas no te afanes en una búsqueda
dicho sentimiento no es un objeto.

Si deambulas errante por la vida
y al mundo decides preguntar
si a esa persona deberás amar,
es tiempo perdido, éxito no tendrás
lo que para ellos desean es lo que dirán
y con fundamento nunca responderán.

La verdad está dentro de ti
como una pasiva llama de fuego
arderá fuerte cuando sin buscar
hayas encontrado a quien sea capaz
de hacerla brillar desde tu esencia,
y justo ahí, en ese inefable momento
tus ojos lo verán
tus oídos lo escucharán
tu ser lo sentirá.

Por fin,
el amor se hará realidad
tan inmarcesible solo si
enciende esa luz en tu mirar.

Nova luna

En las cálidas noches de San Pedro Sula
es tu recuerdo lo único fresco que me cobija
dilatando mi pecho
con el carmesí de tu boca en mis venas
y el tímido sosiego en mi sueño
a pesar de una cama sedienta
y el vacío voraz de tu compañía.

No hay cruz, tan solo nostalgia
hinchada como un globo en manos de un niño
cuya inocencia es eterna
a pesar de las blancas líneas en mi cabeza
y el desgaste gradual de aquel ritmo
con cual mi humanidad se acurrucaba
serenamente en tu seno
sin el absurdo temor al mañana.

Cuántas veces tus caricias cicatrizaron mis caídas
como el rocío al amanecer
alimentando de raíz este jardín
sin ruego, sin trampas, sin hastío
por nuestras pasiones color añil
y de mil noches, de tu amor que fue mío.

No me queda más,
solo pretender sin esperanza
y existir sin sobrevivir
hasta que la luna nueva decida venir.

Rapto de las sirenas

Me encantaría sumergirme en tu piel
diluirme en la candidez de tus poros,
mientras nuestras miradas se entrelazan
y las palabras desborden en silencioso tacto.

Me encantaría eclipsarme en un atisbo de tus ojos
con nuestro mundo paralelo a la nada,
absortos e intensos cosechando nuestra miel
bajo la luz que nuestros corazones tiritan.

Me encantaría navegar tu caudaloso Segovia
percibiendo tu aliento que extasíe mi oído,
circunscrito al palpitar de tu ecuador
esculpiendo el albor de tus tallas en marfil...
al fin, el rapto de las sirenas,
me descubran en tu sinuosidad, postrado
liberando mi ser, rompiendo nuestro pudor.

Sentires

Su perfume pintado
en sabor sonoro
aterciopelado.

Sus gestos mudos
desvistiendo palabras
en guardia de abrazos.

Su naturaleza enredada,
cabello liberto al viento
como trova en lengua muerta
y suspiros ensalsados de lunas,
son baobabs sembrados en frío
podados por el romancero tiempo.

Sentirla,
solo eso me inspira amar,
el viaje sin retorno
brújula rota en altamar.

** ensalsado: recubierto de algo*

Si lo escribo y no te lo digo

¿Por qué siempre lo escribo
y nunca te lo digo?...
te abruma la incertidumbre constantemente;
notorio para ti, resulta ser más gentil
una retahíla de palabras desembocadas
en lugar de lo que expresa la mano.

Te diré…
Si escribo es porque soy escritor
y no hago trova porque no soy cantor.
Se me da mayor creatividad al escribir
que mi lengua entonar;
allá tú, si asumes que es más fácil mentir
sobre la nívea faz de una hoja de papel.
Mejor, analiza y pregúntale al corazón
para que logres comprender quién tiene razón.

Si te lo digo o te lo escribo,
de cualquier forma
la bandera de la sinceridad siempre ondearé,
tomando en cuenta que lo que más importa
es hacerte sentir cuánto te amo.

Tres

Uno, dos, tres...
yo cuento, ella cuenta.
Copas de vino, tazas de café,
algunas amargas y a veces tragos.
No lancen arroz sobre nuestras cabezas
que no hay soga ni campanas redoblando,
tan solo nos seguimos conociendo.

Amantes devorando senderos
hasta rebosar de emociones
con una mochila llena de recuerdos
y el placer de vivir.

Escalamos nuestra existencia con pasión
evitando caer en la fugacidad del suspiro
porque en libertad podemos fluir
hacia el horizonte que entona la canción,
la trova de una libélula y una mariposa.

Ganamos... perdemos...
justificación derivativa: nos amamos.
Nuestras manos juntas, siempre
estemos cuerdos o dementes.

Upir

A solas,
a oscuras
alza vuelo el cautivo
loco y sediento
por el carmesí en sus labios
destinado al pecado.

Sumiso y desnudo,
víctima del silencioso placer
de su néctar, de su esencia
entre suspiros retorcidos,
gruñido moribundo.

Está en mi nariz, en mi boca
en todo...
aliento de la virginidad
oscilando en su rubor.

Holocausto,
su ausencia
ante quien no tiene vida.
Entre palabras
disuelvo el deseo diario.

Visceralis

Labrantío espejismo
eres color con luz de luna,
cual frías veladas
me cobijan en su plata.

Asido cómodamente en tu fertilidad
me colmo de augustos sermones
cuasi elocuentes; pseudo fragilidad
dispersándose en tres dimensiones
hasta colapsar en la comparsa.

Beso omnívoro
abrazo morboso
sexo animal
corazón emocional.

Alimento de pájaros disperso en el suelo
con aliento manchado de tu perfume
y por dentro tu néctar me inhume
hasta germinar sin alma en tu velo.

Voluptatem

Cautivo en el vaho de tu piel vainilla
respirando tu feminidad con mis manos
en ascenso al filo de un cielo rojo
al gitano son de tus caderas.

Aspiro embriagarme en tus labios
negando la sensata racionalidad
que acompaña un escueto beso,
me resulta más placentero
retorcer nuestras lenguas
entre gemidos y cursis delirios.

Podrías fingir no sentir nada
cuando exploro tu cálida existencia
pero tu silencio y sobresalto te delatan.

Mírame con tus dilatadas pupilas
mientras me absorbes...
mientras conjuro este sentimiento...
mientras cabalgamos juntos.

Versado Segundo

Autopsia

Acuse de recibo

Devorada es la noche
por el demente vuelo del zorzal,
fragmentos de melancolía
desdibujan la fragancia del jazmín
y rechinan mis dientes en plena catarsis.

Abandonada es la plenitud
con la que se desbordó mi voz
cada vez que la hiel sabía a miel,
debitando pendientes con el karma
desencadenamiento de luciérnagas frías;
confieso que el reloj es mi ataúd
claustro memorial en sinécdoque
me adoba, me sentencia su pulsión.

Arrebatada es la paz
como caminata nocturna en el cañaveral
hasta desnudar mi sentido común
y trastocarlo a manos llenas de temor.

Ante mortem

Al eclosionar y salir del nido
nada más el llanto nos sigue,
sin contemplación se nos sacude
como parte de un tácito destino.

Niñez de implícita inocencia
jugando a reventar las burbujas
a cortar las flores, cualquiera
da igual, son todas iguales
brotando la vida en borbollones
mientras ella se presenta
absorbiendo nuestro aliento en un beso
para luego cruzar el río Aqueronte
sin un óbolo que avale el viaje...
veremos el brillo intenso
un cielo roto o un infierno placentero.

Toma una, tan solo una vida a la vez
y contempla su belleza con intensidad
hasta el clímax sucesivo del entremés
entre arrullo siniestro pero dulce,
sutil y obsceno, pleno de felicidad
caótico adiós, es la muerte.

Aquí yace

Aquí yace un supuesto,
el fantasma de una utopía deambula
mientras se pudre lo que nunca fue.

Los cañonazos del pecho rompen el silencio
hasta destartalar la sensatez,
se besan a golpes los pensamientos
entre revoloteos lepidópteros se pierde la fe.

Esta tierra de encima, ya es fértil
por lixiviados que emanan del ser.
Brotan nuevos suspiros de sol
entre serenatas de grillo y cigarra
trasnochando con la astucia de ver
un solo episodio de felicidad
que permita deslapidar el alma.

** deslapidar: retirar una lápida*

Arden las luces

Tras arreboles del ocaso
desidia encasillada, sin fe.
Manuscrito de arrebatos por mirada fría
no sabría adjetivar lo que desde hoy sentí
cuando tiritó ardorosamente una nueva luz.

Trascienden a mi ser
elocuentemente, voces rumiantes
matices parasimpáticos que me enloquecen,
aquella vieja amiga es bienvenida
con el mismo desgastante cenojil
dominando mis pasos por encanecidas calles.

Cómo reparar un hombre roto
cómo contener la marea en luna llena
cómo caer siete infiernos sin dimitir
¿cómo?, si la distancia cumple su quehacer
y el mundo se ahínca en su propio humus.

Falló mi pata de conejo
le dieron vuelta al reloj de arena,
pero siguen ahí... sus fulgores, siguen ahí.
Mientras tanto, me desdibujo en emociones
sobreviviendo fuerzas del viento como rama de bambú.

Autopsia

¿Qué más da?
¿Acaso queda algo más?

Estoy llamando a la puerta
ni San Pedro me atiende
quizá pasó tanto que yo no entiendo
pero estoy aquí, a solas
redimiendo pecados o mi karma fastidiando.

No tengo alas, sigo siendo un pez
aunque recuerdo haber vivido como libélula
en mi absurda existencia, alguna vez
hasta ser corroído por la bilis de una urraca
que me hartó mientras volaba en aquel jardín
floreciente de mentiras, con el yugo en pelotas
castrando mis ilusiones.

Sí... ya lo vi.
Aquí estoy, solo, suelto, reencarnado
ripiando la voraz elocuencia sentimental,
renunciando a un mal vicio de sonambulismo
como si mis días no valieran la pena.

No estoy condenado, ya lo decidí.
Estoy levantando un inventario
de lo absurdo, de lo putrefacto, de lo fatal
y he optado por un retocado simplismo,
trasegar mi corazón si alguien se acerca.

Blanca oscuridad

Fuera de tempestad
más allá de donde el sol no aborda
el espacio que el silencio desnuda
bajo la mirada del caos
y en los labios que rompió la libertad.

Luz corrompida por afiladas voces
descalabrando la tersura del tiempo
con sucio debajo de las uñas
que un día palparon la fugacidad
como llanto precoz
como confuso sosiego
que produce confianza de lejos
a hurtadillas,
se come a solas (sovoz)
el abismo entre las sienes.

Ese viento acariciante
apartando las telas y dejando pasar
como invitado especial
un halo de investidura omnisciente,
deslizándose de pies a cabeza
mientras se dilata cada suspiro.

Composición X

Un paso a la vez
ves el mundo al revés
y no te atrevés
a la maldita infelicidad
de agonía que poseída
por fecunda inequidad,
te destruye desalmada;
mas propenso de coraje,
desatada es tu ira.

Y en tu blando linaje
se introducen poco a poco
hirientes las espinas
de aquella blanca rosa,
cual vasta de belleza
no justifica su traición
de insolente destreza
y frívola de maldición.

Con alevosía

De una en una
las escamas enterradas en mi pecho
por el batir de sus alas
en vuelo traicionero.

Conocí el amor
tanto como el quinto infierno.
Lamiendo lágrimas de rosa,
escupiendo sobre mi propio ser.

Tanto pidió,
tanto rompió.
Calles enchapadas de fango
se pintan con mis cenizas.

Apremiaron sus necesidades
ante un juramento banal.
Un dedo que me acusa,
contra cuatro a su frente.

Date cuenta

Date cuenta,
no sos el único en su mundo
de mariposas, gaviotas y equipaje.

Apenas una sonrisa, un beso y un trillado "te amo"...
bastó para aullarle a la luna llena
de amañadas promesas y pactos ajenos
sin que tu cordura oliera sus secretos:
no sos vos, es aquella.

A vos, te faltó feminidad
y te sobró... te sobró... nada.

Date cuenta,
tan solo sos un pasajero
sustituible, franqueable y dispensable.

Sos nulo en su bidimensional normalidad
su simpleza argumentativa te retuerce,
si no le hace daño, lo protege a muerte
y te sepulta en tu propia incapacidad.

Tu tenue sombra
es alimento de polilla,
tu vago sentimiento
es su pozo negro.

Dispara de una vez

Sátira gris que no se contiene
porque allá arriba todo es tan gracioso
y abajo es la más tierna costumbre
mientras absorben las partículas del tiempo.

Ya no basta el cálido beso
tomándome por sorpresa cada amanecer,
un "te amo" más interfecto que el infinito
escribiendo desaliñadas palabras en mi pecho
como cuando sonríes de oreja a oreja
dejándote llevar por el virus hasta la tumba
sin canción de cuna
sin redobles de saduceas pitoretas.

Aquí ya todo está hecho
no es necesario el encanto insolente
de árboles cuyo fruto son las piedras
tomadas del río más caudaloso:
la tristeza.

¡Dispara de una vez!
Déjate de cuentos, el jazz no es tan sublime
será más justo partir en letargo
mientras aquella sola voz, me deja.

Eidolon

Navegante lunar vestido de ausencia,
iracundo animal de aliento punzante
azuzado por el miedo latente
al nirvana nocturno.

Meditabundo suspiro
no claudica ante el crepúsculo,
solo rasga sus entrañas
y se aferra como sombra
a un recuerdo, a un pensamiento
tibio y vívido.

Desdén, delirio
sin paz ni sosiego
con fe en un amor crucificado
esperando la palaba escarlata
bajo la luz de la aurora boreal.

El bufón

Tan solo decepción
como un vuelo perdido
como un arribo fuera de estación
con la mudez arrogante de la racionalidad
ante la candidez de la honestidad.

Tanta trova, tanto romance
para ser nada más un bufón
que contempla en danza a las cortesanas,
las urracas deshilachan las carnes
al son de la mofa y aleteo embustero.

Tantarantán... tantarantán... tantarantán...
se revienta la fibra de todas las cosas
de la voz, del ser, del sol, del pez
moribundo y colgando del amor carnicero
rebosante borbollón de bilis
en ausencia de sangre, en vida rota.

El precio

Mandarle con Flegias al quinto infierno
que no queda más, ni pulso ni remedio
convidando trova amarga y vino rancio
como la caricia maquiavélica del desprecio.

La ofrenda de mi cautivadora insanidad
sea la tortura de quien arremete
contra lo sagrado de mi corazón,
si el amor sucumbió ante el boicot
mientras la briza brotaba entre besos
enternecidos y opacos al reflejo lunar.

Castigo que no es ley ni divinidad
sino libertad canibalesca inherente
aventurándose por fe en la deposición,
mi destino salió al desnudo en el tarot
justificando el revólver contra mis sesos
que por utopías un día dejaron de racionalizar.

Espejos

Espejito, espejito…
dime quién es más machito:
quien asegura con poesía amor eterno
pero convida en público su intimidad,
o quien de su carne jura fidelidad
pero su corazón es un club nocturno.

El mundo está 'patas arriba':
dicen que la cultura evoluciona
la equidad de género es la moda
justificando por bandera la inmoralidad
como apéndice de una realidad
degenerada por insignes ideas radicales
que brotan en corazones antisociales.

Sentimientos y placer
se venden por separado.
El abuso de este producto
perjudica la salud...
La vida es tan solo un mercado
donde la libertad te hace caer,
sin piel, sin identidad, corrupto
y con paciencia aguarda en el ataúd.

Estrechez

Abstraído en la caída de las hojas
que reposan en su viaje funéreo
sin caos, hasta el suelo
como las ideas en mi cabeza.

Congoja comehombres
emasculando el horizonte maduro.
Ya no escucho mi voz,
en la sombra se esconde
esperando bajar la perilla del inodoro.

Emociones caleidoscópicas
emancipadas en el rechinar dental,
ira seductora
la *femme fatale*.

¡Desnúdame, vida mía!
Quiero la marca
ya no me pertenezco
ni en el cielo, ni en el infierno
solo soy una figurilla etiquetada
producto listo y embalado.

Fructum vitae

Animal nocturno,
bestia iracunda
de luz zarca en su mirar
y el latido en pleno martirio.

Mi piel roja rota por sus besos
con el sabor metálico de su lengua
corrompiendo mis pensamientos
hasta menguar mi aliento sin tregua.

Viento del tropiezo
acaricia mi pesado caminar
hasta el carcomido sosiego
desmitificado de mi blando palmar
como cálido sorbo en mis entrañas
azar entre ángeles y demonios.

Un horizonte infinito y distante
promete elevar mi voz hasta el cielo,
Metatrón extenderá su aura en mi ser
fétido y haraposo, ahogado en el cieno
de hendidos menesteres sentimentales
y bífidos desdenes carnales.

Fuerunt duo

Siempre fueron dos
nunca fueron uno
quien haya dicho uno, mintió
la razón no miente, dijo dos.

Nunca un paralelo con un meridiano
siempre dos paralelos o dos meridianos,
aquí no hubo cruz.

Siempre fue Marte y Venus, luna y sol
en el mismo espacio
distantes y ajenos.

Nunca una sola carne
devorando el mundo y sus polos
con una sola melodía en sus latidos,
dos corazones con su propio ritmo.

Siempre alcohol y aceite
no ardieron en la misma flama
ni se ocultaron en la misma sombra,
tan solo su ser y luego mi ser.

Sin caos, sin vértices, sin derivadas
que sumaran o multiplicaran,
pero algo sí fue uno
fue el amor... de alguno.

La bala

Al son de Titono, como en su mundo Aurora
comenzó a brillar una ilusión
encarnándose en la esencia de mi ser
cual siniestra aspiración de felicidad.

Retorcido sentir sedujo mi paz
alejándome de mí con su distorsión de la realidad.
Eran besos, eran caricias, era carne
una caja de Pandora
mi alimento era su rocío en cada amanecer.

Fui orillado hacia la transmutación
argumento roto de varios mundos en uno solo,
el puñal en la espalda deja secuela
despojé mi existencia, ciego en esperanzas.

Disfrazado de inocencia se asomó el karma
escudriñando abusivamente en mi interior,
mi deuda existencial es el revólver
el amor es la bala.

La cura

El tiempo no es un remedio
es un vórtice invasivo y seductor
colándose como sanguijuela en la entrepierna
hasta reducirnos a polvo en lo que dura el entremés.

Mastica el tabaco negro del recuerdo
cuantas veces idealizado enloqueciera
por caer en las redes absurdas del pudor
sabor a lirio blanco y abrupto beso francés.

Acto insensato es acudir a Cronos
siendo él, cobarde castrador del cielo.
Evidentemente ni la parca
en rapto hasta el Xibalbá
podría abrazarnos con su paz
y otorgar descanso mientras el alma late
regurgitando vida.

Saber que donde está la cura
el pasado se dilata hasta parir,
será el calvario, será la arena
testimonio fiel de aquellas huellas
borradas por el cambio dignificante.

La pregunta es

La pregunta clave
¿qué es lo que duele:
lo absurdo, lo iluso o la luz?

No me autocuestioné, solo me dejé llevar
asumiendo que todo era mágico
presumiendo de un sentimiento envidiable,
cuando mis letras se pudrían
debajo de la almohada, esperando un hada
y se vino el viento con alas manchadas
a marchitar la voz de mi alma.

Nigromante, corrupta envidia
traslapó un *ménage à trois* indeseable,
un corazón para dos, otro corazón para una
con decadente fidelidad de pingüino...
el poliamor es para evolucionar.

Entonces, ¿qué es lo que duele?
respondo entre el hastío y el pus,
tan solo duele la ignorancia.
Todo lo demás, será parte del destino.

Lepidóptera maldición

Asqueante violencia emocional acumulada
ira desbordando la mudez de mis labios
cual copos de nieve reventados en el asfalto
pensamiento absurdo vestido de gris
como olas contra el peñasco durante la tormenta,
me pierdo en el horizonte pluscuamperfecto
tan solo quiero romper el cristal
desatar las emociones inconversas
aspirando cada gramo de hollín
adicto al desdén y al beso de las cucarachas,
nada más erótico que tu piel bañada en alquitrán
seducida por las caricias lobeznas...
todo ha sido una lepidóptera maldición.

* asqueante: que asquea

Lo que hay

Esto, es lo que hay
ahora
este mismo mundo mío
al revés
desubicado en el infinito
sin necesidad de mariposas, ni rosas, ni espinas, ni polillas.

La espalda astillada
por la cama rota, por el desamor, por la negación
el sinfín desollador lacera mis pies
dividido entre el arrebato nocturno y la hiel
que consumo entre vanas palabras.

Manifiesto latido de elefante moribundo
motivado a lamer mis propias lágrimas
y dejar de sentir, y dejar de esperar
tan solo dejar que llueva
cerrar los ojos mientras termina la canción.

Me desconozco

Solía ser alguien que conocía
ahora, luzco apenas una versión pirata de mí
represento una estafa sociopática y sombría
inversión de besos ahogados en la tormenta
inequívocamente cóncavo hacia mi sentir.

Y pensar que antes deseaba que estuvieras aquí
cuando hoy ni siquiera yo quisiera estarlo,
no sabes distinguir el cielo del infierno
no sé diferenciar tu filantropía de lo segundo,
la piel del cordero es una blasfemia
tus manos estrujaron lo invisible, lo esencial.

Máscara carnavalesca para esconder un secreto
mi voz no habla por mí, tampoco me alude;
el mecanismo depresivo asume su rol
mientras guarezco mi corazón bajo la alfombra
mientras hierve mi sangre entre emociones
poros abiertos fuera de mi control.

El arcoíris se pintó de polillas,
aullidos ocultos tras la rabia en los dientes
morfando con pericia mi materia gris
sin asunto, como pez rumiante.

Memento

Una vieja nota
y un suspiro fantasma
empoderan su ausencia abismal
contra el piso a mis pasos.

Estropajos y desdenes volcados
en las líneas grises de mi pensamiento
destilando utopías inaccesibles
y dilatando las venas de rencor
hasta reventar los nudillos en la pared.

Traición dispersa en el espejo
desorbitando cada latido
que no sobrevivirá hasta mañana,
se ahoga en la muchedumbre crepuscular.

Luna que no sacia mi sed,
tibio arrebol escurriendo el torso
al compás de los recuerdos
sobrevivientes en la fría ventana
hasta el sabor metálico de su voz.

Mitomanía

¡Sí!
¡No!
¡Te amo!

Navis heri

Navegante en el mar de tu silencio
mientras tu cariño distante
se pierde en el verde horizonte.

Prima la validez del sacrificio
la cálida tormenta de tu piel
tejiendo pasión entre estallidos
cada hora de luna zarca y mies.

Durante nuestra veda emocional
la balanza pesó más en carne
hasta romper en un no abismal,
reduciendo a insignificante
el norte y el sur de mi ser.

Flotante y sensible memoria
conduce esta débil y gurda embarcación
escondiéndose ingenua de la fatalidad
mientras retumban las grises premisas
en las venas llenas de arena,
canción de luces punzantes.

Un beso partido en la iracunda ansiedad
retuerce un moribundo y asqueado deseo;
se hunde como un barco de papel,
en el ayer.

Nebulosa

Aquí yace mi sentido común
alimento de dudas y cuestiones
indescifrables, rotas y volubles
cual destello de nebulosa sonámbula
apropiándose de mi contexto y mi salud,
se abre un abismo y cierro pensamientos.

El espejo ya no me dirige la palabra,
la forma del beso agudo se hunde
hasta la línea vertical de una cápsula
dopando mis aciertos;
clasificación de recuerdos en un ataúd
pintado de gris con franjas fucsia...
eso es irregular
incluso para la locura de mi cordura
sentada en mi pecho mientras descanso.

«¡Olvidalo!
¡No es tu camino!»

No hay plural de voz

Esa ola de negativas desembocando
como un siniestro e incontrolable vuelo,
una sola voz, infinita cantidad de pensamientos
destartalando la cordura
moscas circundando
apenas se puede coexistir con este aliento.

Dispuesto a morder pan teñido de moho
porque la luz es tan tenue que no se ve
porque las papilas se rompen de amargura,
no es un acto de ruego al consuelo
sino desenmascaramiento
costumbres desnudas,
una existencia ajena a su propio ser.

Sensibilidad saturada en practicidad
efecto de mariposas muertas
sin caos orientado a la pluralidad,
recuerdos ejecutados en chelo
reniegos desilusionados en hipidos
contra la inconsistencia de la vida,
por si acaso, una vez, una sonrisa.

Réquiem

Cuántas veces el delirio
rompió mi alma en sus espejismos
de ternura escueta
y aun así me ilusioné.

Cuántas veces el silencio
vituperó el eco de mis pensamientos
permutando sumisión
y desmitificando mi ser.

Cuántas veces mi espacio
se colmó de austera carne y hueso
volviéndome prófugo
y castro inverosímil en mi piel.

Bífido, flemático, nato sin placenta
predictible, somero, sobreviviente
perpetuo bajo la sombra
en la fría caverna del jamás.

Tan solo pasión

Más que ausencia, demencia
palpitando en los ojos y salpicando sudor,
zumbido irritante que corta la memoria
mientras se traga el arrebol,
el cielo raso se abre a la consciencia.

Jardín desnatado entre lágrimas secas
servidas en copa rota,
abusivo vacío aferrándose a la paz
como luciérnaga que vuela sin horizonte.

Basta un chasquido y las luces retroceden
un silbido y las cadenas se detienen,
sabor a heno distorsiona la voz
sorbo de miel pica con aguijones,
no era libertad, tan solo pasión.

Tras torna dos

Sin cuerdas, puente colgante
sustentado sobre tablones podridos
de inactiva y desvencijada racionalidad
dejando fluir sangre hacia un macerado corazón
que apenas reconoce el día y su luz.

Avioncitos de papel contra la pared
parecen semillas de diente de león
sin destino, apenas inertes contra corriente
cuando se acerca la voz que morfa el alma
como nauseabunda seducción de una doble magnum
rebosando insípidas copas carmesí.

A lo que se aferra su pasión,
carne al dente, marinada en veneno y pus
como arrebato cosmético de la verdad
con injerencias sutiles, beso en ardid
sin justicia ciega, su piel emana pom.

Ya no estoy

Ya no estoy.
En serio. Yo, ya no estoy.

Confirmo que ya no siento la briza
la luna dejó de acompañarme,
se jodió todo
el sol vino a seducirme
a provocar que el viento se rompa.

Sepulté mi inspiración en la arena del reloj
para practicar metamorfosis.
Soy el pez que aprenderá a volar
será mi voto, mi pacto, mi catarsis
hasta que mi pensamiento cambie de lugar
y mi corazón deje de ser precoz.

Escucho el canto de las ranas
mientras ahogo mi esencia en gélidas aguas,
que se derritan los polos
con estas sandeces, con esta ignorancia
perderme entre pómez como Pompeya
y renacer en sentimiento, solo.

VERSADO TERCERO

Juglar

¡Shhhhh!

Todo, vastamente calmo.
¡Shhhhh!
Tan solo cállense
escúchenme
acérquense.

¿Acaso no soy reflejo de mi paz?
Estoy aquí, relinchando, inmerso en la vida
dándome lujo de ser como solía ser,
sin ceder a nadie antojo a mi control.
Modifiqué mi patrón y dejé de pertenecer,
si no me desean, si no me aman.

¡Shhhhh!
El sol ya salió con nuevas agujas
para este viejo reloj en mi pecho.
Orgásmico deleite impactado en el silencio
cuando puedo volver a gritar
sin estar en la inopia de mis pensamientos
sin desprolijear mis sentimientos
sin utópicas promesas sobre la almohada.

Tan sereno como mis palabras
se desnuda cada amanecer fuera de Venus,
y me quedo sonriendo
viviendo.

* desprolijear: verbalización del adjetivo desprolijo

A la expectativa

Odio las mentiras...
El mordisco, espero que te haya saciado.
Límpiate los labios.

Cuando no me ames, solo dilo...
Mientras no coman varios del mismo plato.
Lávate las manos.

Me entrego solo por amor...
Veo que las hienas fueron invitadas.
Ajústate las bragas.

Si no me atendías, eres culpable...
Las necesidades no saben de fidelidad.
Sacude tu doble moral.

¡Perdóname!...
¡Hecho!, aunque no te arrepientes.
El karma tiene memoria.

A la hora del té

A veces, tan solo te veo dormir...
el pasado es un retrato mal hablado
una esquina en bocacalle que todos confunden,
agacho la mirada, me ahonda la tristeza.

Enlisto las penas hasta sentirme vacío
inapropiado para mi sensatez
tratando resarcir una u otra melodía
germen del espejo en año bisiesto.

Tomando sorbos entre espasmos cínicos
cual ave picotea el agujero de gusano,
estrellas revertidas en su infinitud
cae la ola arrebatada en arrebol.

Manos que se lavan la verdad
nadie escuchó mi último latido
porque todos veían a la titiritera
sirviendo valeriana, a la hora del té.

Confesión

Me da un tanto de pena tener que confesarlo:
desde que me enseñaron a usarla
no dejé de imaginar todas las posibilidades,
ser tan fuerte como los golpes de sus teclas
seguro como la cinta de la tinta impactada
ágil como el carro.

Acaricié su cálido plástico color cielo
dijeron que era mía, sin compartirla
fue mórbido descubrir todas sus cualidades,
escuchar los portatipos contra vírgenes cartas
todo aquello por una máquina de escribir anticuada...
fue amor a primer tacto.

Creativa mente

Si tan solo no enciendo la luz
mientras se decolora la sombra de su voz
contra la palpitación de mi cojonudez
volando fuera de cuadro como el felino audaz
que persigue la castidad de mi lápiz.

Engulle mis ideas hasta regurgitar
trozos de cuerpos celestes mal eclosionados,
empíreo tosco de anticuadísima fragua
montaje de mis yemas con albures guarecidos
caldeando el ápice de mi lengua
como blindaje del activo amar.

Arcoíris de tulipanes, finoli
consciente devenir por las letras;
fragancia sin retórica, pachuli
la creatividad ha comprado mi alma.

** cojonudez: cualidad de cojonudo*

Cuarenta

Cuarenta palos descopados
reposando el fruto de marzo
celosos de su sombra viajera.

Miel de jimerito
para la cosecha del vino amargo,
sea lo que brinda esta verbena.

Me escupió el sol
como añoranza de pueblo
sin crujidos en la mesa.

Rompió mi voz
en alegría de añil desgastado
esperando el último grano de arena.

¡A la salud de vuestra merced!

Efecto karma

Apaga el cigarrillo,
te quema el brazo con su ceniza
como sed de naufragio
como siniestro el incendio en tu cabeza.

Tensas la iracunda mordida
finalidad oscura, obtusa, difusa
rimando palas en cada chacra del lomo
sin que se dé cuenta Metatrón.

Abraza con sosiego tu responsabilidad
para frenar la suma en desdenes
como pájaro cuerdo sin cucú
como espejo sin trasgresión de masculinidad.

Parece ahogarte la hora letal del equinoccio
diluyendo septiembre en tu corrupción,
remordimientos vestidos de ausencia
marea roja que cubre y luego desciende.

No queda más que esperar
hasta consumirse la última fibra verde,
el arcoíris no podrá revestir la flor
será Cronos tu destino, tu verdugo.

Efecto mariposa

Melódico revoloteo lepidóptero
agitando las ansias de mi jardín,
vórtice sin voz, colmado de espejismos
mitomanía costumbrista.

Devora las amapolas de mi pensamiento
dejando en lastre las crónicas de mi ser
no por amor, sino por arlequín
cual bestia rumiante pudriéndome.

Me harto su letargo
hasta que amanezca mi consciencia
sin pañuelos cubriendo ilusiones,
nomás su lengua retorciendo mi luz.

Es una burla el flaco rocío
desparramado caóticamente,
no mojaré de nuevo mis canillas
apetece romper el carrillo.

Huevo de araña

Ahí,
en ese profético rincón
donde la araña teje tu destino
con las letras de tu nombre atadas
en mies de hiedra y chichicaste.

Escucho tu cirenaica e intrépida canción
anunciando desgracia a quien te acuse
porque tu alma de fruto seco
se atraganta descaradamente
mientras las nubes rompen la voz
hasta anclar dos dedos de frente.

Uno y mil besos enhielados
jamás tendrán el valor del verdadero amor,
el que no yace entre las piernas
ni es efecto de silogismos enmarañados
maquinando la caída de cualquier iluso.

Ahí,
donde se predica tu libertad
con tremenda lluvia a cántaros,
se retorcerá el cordón umbilical
será germen del karma.

Jinete del olvido

Se conduce por la vía rápida
cabalgando sobre luces de neón
salpicando alquitrán por la tez
devorando ojos de gato entre líneas de cachemir,
malversación de tréboles en *addendum*.

Cebra tendida sobre la ruta fluorescente
zancadas sin sombra hasta el abismo senil
como el mordisco amarillo de la grúa,
sabor anestésico ahogando el placer
porque la mezquindad corrompe la luz
y ya no hay reversa, apenas un ramo de crueldad.

A palos, extrae las esquirlas...
al revés trasnocha la meditación,
la doble línea se desprende infiel.

Alas rotas de luciérnagas sobre el parabrisas
absurda manía por lamer las llagas del ayer
como si no bastara clavar ilusiones en la cruz,
apenas hoy podría ver su rostro en el espejo
tan vacío, tan frío, tan olvido.

Juego de roles

¿A qué juegas?
No hay roles por asumir
sin estrellas amalgamadas,
apenas un rostro con gestos rectilíneos
desafiando la perpetuidad del silencio.

Una caricia desgarrada y sin aliento
hastiando la piel como mentira pruriginosa
que descostura mis pensamientos en retahílas,
es el lustre
es el pus
entre zumbidos y charrasquidos de un sentir
más falso que un huevo de pascua.

Yo, no estoy jugando.

Juicio escarnecedor

Sorbo de diamantes
cálidamente estrujados entre labios
agitando luz del silencio tras bambalinas
como evadiendo esta noche, buscándome a mí
porque me acostumbré al sabor del cactus.

Parábola que acota nuestros nombres
con invitación a puertas abiertas,
escondites infinitos aislándose en pensamiento
derivando sinalefas disfrazadas de tortuoso alhelí,
presento entre líneas un *habeas corpus*.

No me vean como si fuera asesino en serie,
porque no pedí opiniones, tampoco aceptación...
tan solo me sonrío entre mareas
para devolver a ella, algunas letras de arlequín,
hace mucho fui absuelto por consejo del adul.

Sacudo mi cabeza, tras recibir
escarnio tenaz.
Ahondo mi diligencia en frigidez,
me resulta inútil su verborrea ful...
aquí no se cubre con piel de armiño.

Limbo

"El amor vive en la palabra y muere en las acciones."
- Rainer Maria Rilke -

Confronta mi ser
las inquietudes del ser o no ser,
expresar mis pensamientos
o simplemente echarme a dormir
al ocaso vacío de lo espontáneo.

Un vistazo al espejo
ya está agrietado, se rompe/rá
cual nervio sucumbe su energía
absorbido como el tabaco del cigarrillo
porque mucho lo he pensado
porque no quiero escupir
sino decirlo todo en pocas palabras.

¡Dame voluntad!
¡Aliméntame, libertad!
Yerto no me ve/rá
tan solo es una distracción
un limbo menor al infinito de la eternidad.

Ya lo sé...
... ya lo logré.

Memoria de un pájaro

Hábito inquieto
diluyéndose por mis labios ante tu ausencia,
el presagio del extrañamiento
un pájaro sin nido picoteando la ventana.

Ayer, el camino perfilaba sin maleza
sin cántaros rotos
con aliento del pinal
resguardado por florecillas laterales
seducción policromática desnudándose al sol.

Hoy, la cumbre está sedienta
acurrucándose cada vez más al mar,
las manos del destino se abrieron
tan solo para especular.

¡Búscate un asilo!
Deletrea mi desnutrido pálpito
mientras escucho "Sleepwalk" a bajas revoluciones,
se revientan las teclas por la tinta que se corre
mis dedos ya no piensan, ya no te recuerdan.

Nosocomio de palpitaciones

Te suelto, no de la mano, sino de la vida
porque tú eres viento y yo soy mar
porque tiendes a la libertad
yo, aspiro un nosocomio de palpitaciones.

Mi voz se ha vertido en el desdén de tu ser
mi ser fue maldecido con el pus de tus actos.

Como una costumbre insostenible
la raíz de nuestro árbol carece de lunas
el sol reflecta en las escamas de tus alas,
tan gris como desvincular nuestro horizonte.

Te dejo ir, no por ser el final, sino el cambio
que sirva para escudriñar el efecto de las cosas
reasignando espacio propio a cada partícula
sin desarticular lenguaje de mis sentimientos.

Tú, necesitas aire
yo, necesito agua
ambos, necesitamos algo esencial
ninguno lo ha logrado.

Pus y veneno

¡Vete!
Con el averno entre tus piernas
como cordero blanco en tus andanzas
sacrificando la esencia de terceros
rompiendo las pupilas desveladas que soñaron
días en reposo entre tus islas y tu sol.

Su pus y tu veneno, son elipsis existencial
desparramada en cada beso que destruye los versos
conjugados con la musa que antes inspiró,
hoy acecha entre la bruma y los cactus
formando una cruz de advenimiento…
es la nueva luz del poliamor.

Aquí me quedo entre cenizas
desayunando mis alas partidas en mies
como una canción meditabunda en réquiem,
apenas permute la hostia zurcida a mi piel
desbordaré mi sonrisa en el adiós.

Punto muerto

Hay más caracoles sin océano en su eco
a paso lento avanzando en arenosa superficie,
debajo de cínica lluvia refunde cachemir
adhiriendo pensamientos carentes de virtud
y calcados en palpitante marea.

He aquí, hubo alguna vez
aquella forma perfecta de voz
sin alteración reflectiva de luz,
misteriosamente nadie vuelve a ser capaz
de cortar la distancia de raíz.

Irreconocible,
a paso lento se hunden manos al sol
si hasta versos desbordan inseguridad
como aliento cansado y cabeza oculta en baúl
pecho que requiere remojo en anís.

Trip hop

De los velos del silencio
me interesa desnudar el pensamiento
en cual augusto me convido cada tarde
al esperar que la aguja rompa las catorce.

Mezanine manchado de purpúreas náuseas
cansado por la cotidianeidad virtual,
beso turbio cruje en la madera
con su sabor a asfalto crudo y aliento boreal
desordenando la voz con fortuna grisácea.

Mueve la silla... me caigo
me levanto... me callo.

Vibrante

Tengo un nuevo fetiche:
romance sonoro con didyeridú.

Me presento transparente
mis neuronas se aceleran
no necesito su voz, no deseo su piel, ni su ser
mi existencia ha trascendido
como ola rompiéndose en la orilla de la vida.

Es tan vibrante...
mi fertilidad en un caótico revolú.

Mi sentir tuvo un desplazamiento
y estoy dispuesto a medir
las curvas que revolucionan
estrepitosamente
hasta el reposo inherente que vino a sacudir
sonando una y otra vez.
Es el cambio.

Sobre el autor

Jairo Mejía Rodríguez (marzo de 1982), oriundo del cálido municipio de San Pedro Sula, Honduras. Formado en la Licenciatura en Letras con especialidad en Lingüística, por la UNAH-Cortés.

Autor/coautor de más de 12 libros de texto para educación secundaria, en las áreas de Comunicación, Ciencias Sociales y Ciencias Naturales. Autor de los poemarios "Tulipán y Duraznos" (2022), "Ser Contemplativo" (2023) y "Lepidoptera Antiodonata" (2023).

Editor de libros con más de 24 años de experiencia. Ha colaborado con varias editoriales de la costa norte hondureña: EDUCAN2, LISE, Publi Express, Domus Liber y Ágape. Además de colaborar con diversos autores de libros de texto y literatura.

Fundador y director del sello de origen hondureño **Guancasco Editorial**, con el cual se ha publicado varias obras impresas y digitales.

Fundador y CEO del **Consorcio Alianza Editorial** de Honduras, con sede en San Pedro Sula.

SOBRE LA OBRA

Qué somos, si no cadáveres. Seres que fueron antes y son después, del amor. Permutamos diferentes mundos en nuestro devenir, algunos permanecen años y años en uno solo, mientras otros se vuelven nómadas. Y la palabra, siempre estará ahí, perpetua, pero modificando sus matices conforme la necesidad modal que acuse a cada ser.

Qué hacer, si no expresarlo. Encontrarnos ante el espejo de la consciencia, analizándonos en cautividad, conmovidos por la oscilación existencial, ascendiendo al nirvana. Pero constantemente nos autolimitamos por el temor a la cuenta regresiva, aguardamos en el limbo. Lo perdemos todo porque sencillamente no sabemos vivir.

El rimario **"Autopsia Juglar"**, es un apartado retrospectivo con la presencia de tres subordinaciones actitudinales desarrolladas durante más de un año, el cual se desvirtúa subsecuentemente.

Sufrir o ser insufrible, no es lo que importa, sino ver fuera de la caja para reconocernos y aceptarnos sin etiquetarnos emocionalmente.